School - escuela 2
Törn - viaje 5
Transport - transporte 8
Stadt - ciudad 10
Landschop - paisaje 14
Spieslokal - restaurante 17
Supermarkt - supermercado 20
Drünk - bebida 22
Eten - comida 23
Buernhoff - granja 27
Huus - casa 31
Wahnstuuv - cuarto de estar 33
Köök - cocina 35
Baadstuuv - cuarto de baño 38
Kinnerstuuv - cuarto de los niños 42
Tüüch - vestimenta 44
Büro - oficina 49
Weertschop - economía 51
Profeschonen - ocupaciones 53
Warktüüch - herramientas 56
Musikinstrumenten - instrumentos musicales 57
Deertenpark - zoológico 59
Sport - deporte 62
Aktivitäten - actividades 63
Familje - familia 67
Lief - cuerpo 68
Krankenhuus - hospital 72
Nootfall - emergencia 76
Eerd - Tierra 77
Klock - reloj 79
Week - semana 80
Johr - año 81
Formen - formas 83
Farven - colores 84
Gegendelen - opuestos 85
Tallen - números 88
Spraken - idiomas 90
wokeen / wat / wo - quién / qué / cómo 91
wo - donde 92

AF218990

Impressum
Verlag: BABADADA GmbH, Nedderfeld 112 , 22529 Hamburg
Geschäftsführer / Verlagsleitung: Harald Hof
Druck: Books on Demand GmbH, In de Tarpen 42, 22848 Norderstedt

Imprint
Publisher: BABADADA GmbH, Nedderfeld 112 , 22529 Hamburg, Germany
Managing Director / Publishing direction: Harald Hof
Print: Books on Demand GmbH, In de Tarpen 42, 22848 Norderstedt, Germany

School

escuela

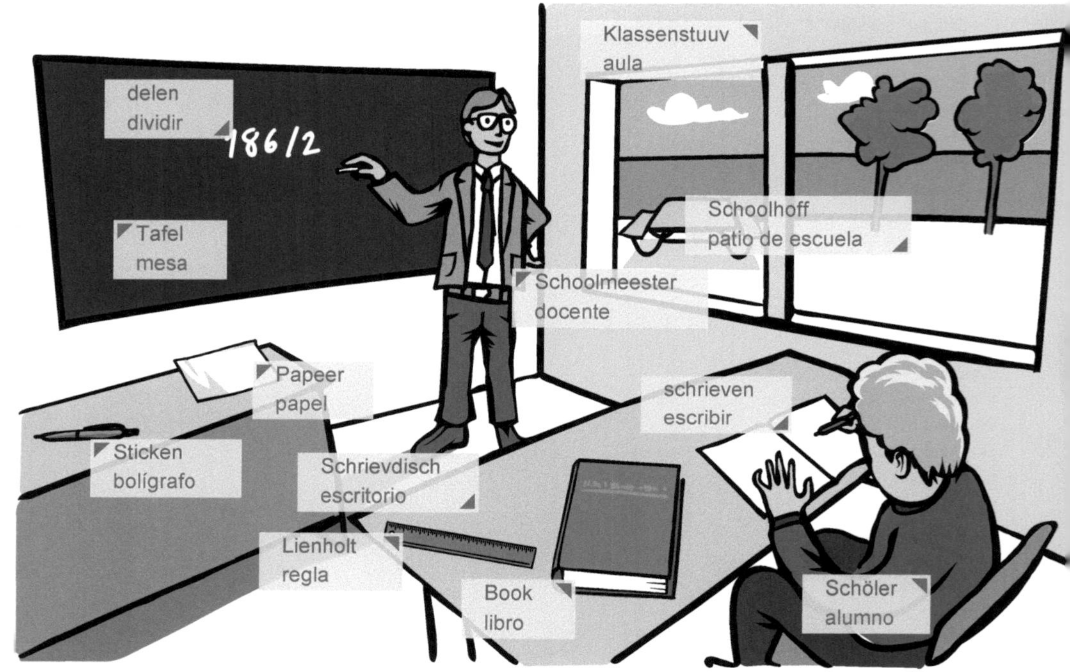
Klassenstuuv
aula
delen
dividir
186/2
Tafel
mesa
Schoolhoff
patio de escuela
Schoolmeester
docente
Papeer
papel
schrieven
escribir
Sticken
bolígrafo
Schrievdisch
escritorio
Lienholt
regla
Book
libro
Schöler
alumno

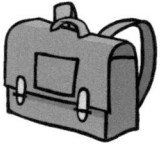

Ranzel

mochila escolar

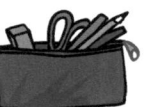

Feddermapp

caja de lápices

Bleesticken

lápiz

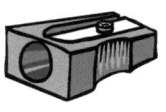

Scharpmaker

sacapuntas

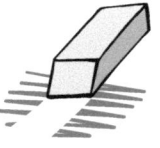

Radeergummi

goma de borrar

Tekenblock

bloc de dibujo

Teken

dibujo

Pinsel

pincel

Malkassen

caja de pinturas

Scheer

tijera

Klever

pegamento

Heft to'n Öven

libro de ejercicios

Huusopgaav

tarea

Tall

número

tohooptellen

sumar

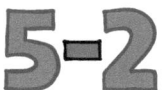

aftrecken

restar

malnehmen

multiplicar

reken

calcular

Bookstaav

letra

ABC

alfabeto

Woort

palabra

Text

texto

lesen

leer

Kried

tiza

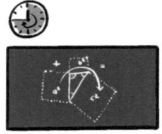

Stunn

lección

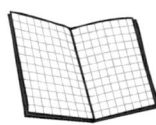

Klassenbook

libro de clase

Pröven

examen

Tüügnis

certificado

Schooluniform

uniforme escolar

Utbillen

educación

Nakieksel

enciclopedia

Universität

universidad

Mikroskop

microscopio

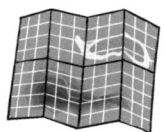

Koort

mapa

Papeerkorf

cesto de papeles

Hotel
hotel

Grand

Harbarg
albergue

ROOMS

Wesselstuuv
casa de cambio

EXCHANGE

Kuffer
maleta

Auto
auto

Spraak
idioma

jo / ne
sí / no

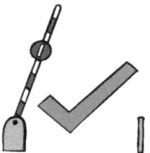

Jo
ok

Moin
hola

Översetter
intérprete

Dank ok
gracias

Wat kost…?

¿Cuánto cuesta…?

Ik verstah nich

No entiendo

Problem

problema

Goden Avend

¡Buenas tardes!

Moin!

¡Buenos días!

Gode Nacht!

¡Buenas noches!

Tschüüs

adiós

Richt

dirección

Bagaasch

equipaje

Tasch

bolso

Rüchsack

mochila

Gast

invitado

Stuuv

cuarto

Slaapsack

saco de dormir

Telt

tienda de campaña

Touristeninformatschoon

información al turista

Strand

playa

Kreditkoort

tarjeta de crédito

Fröhstück

desayuno

Meddageten

almuerzo

Avendeten

cena

Fohrkort

pasaje

Fohrstohl

ascensor

Breefmark

sello

Grenz

límite

Toll

aduana

Bottschop

embajada

Visum

visa

Pass

pasaporte

Transport
transporte

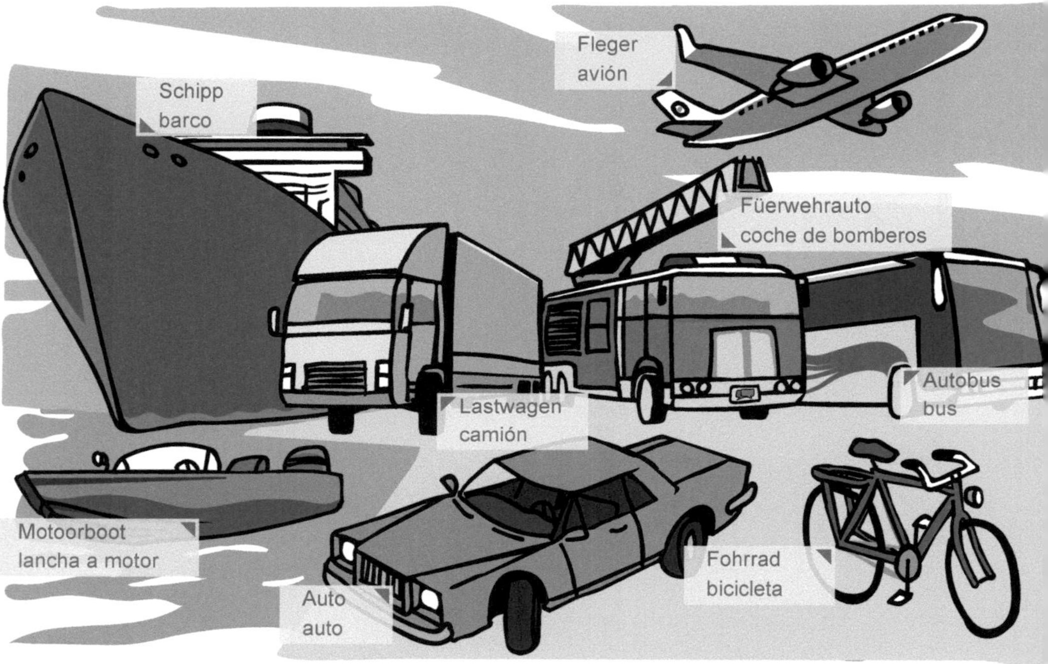
Fleger
avión
Schipp
barco
Füerwehrauto
coche de bomberos
Autobus
bus
Lastwagen
camión
Motoorboot
lancha a motor
Fohrrad
bicicleta
Auto
auto

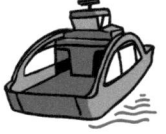

Fähr

balsa

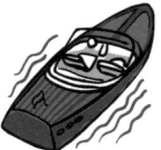

Boot

lancha

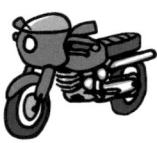

Motoorrad

motocicleta

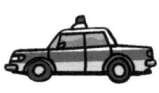

Polizeiauto

auto de policía

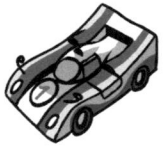

Rönnauto

auto de carreras

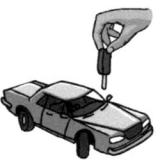

Lehnwagen

auto de alquiler

Carsharing

alquiler de autos

Afsleepwagen

grúa

Müllauto

vehículo recolector de basura

Motoor

motor

Kraftstoff

gasolina

Tanksteed

gasolinera

Verkehrsschild

señal de tráfico

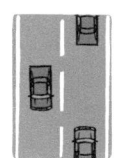

Verkehr

tránsito

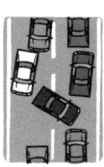

Stau

atasco

Afstellplatz

estacionamiento

Bahnhoff

estación de tren

Sporen

carril

Tog

tren

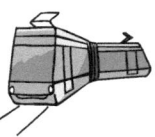

Stratenbahn

tranvía

Wagon

vagón

Dwarsmöhl

helicóptero

Flooghaven

aeropuerto

Tower

torre

Fohrgast

pasajero

Grootkist

contenedor

Karton

caja de cartón

Koor

carro

Korf

cesta

starten / lannen

despegar / aterrizar

Stadt
ciudad

Dörp

aldea

Binnenstadt

centro de la ciudad

Huus

casa

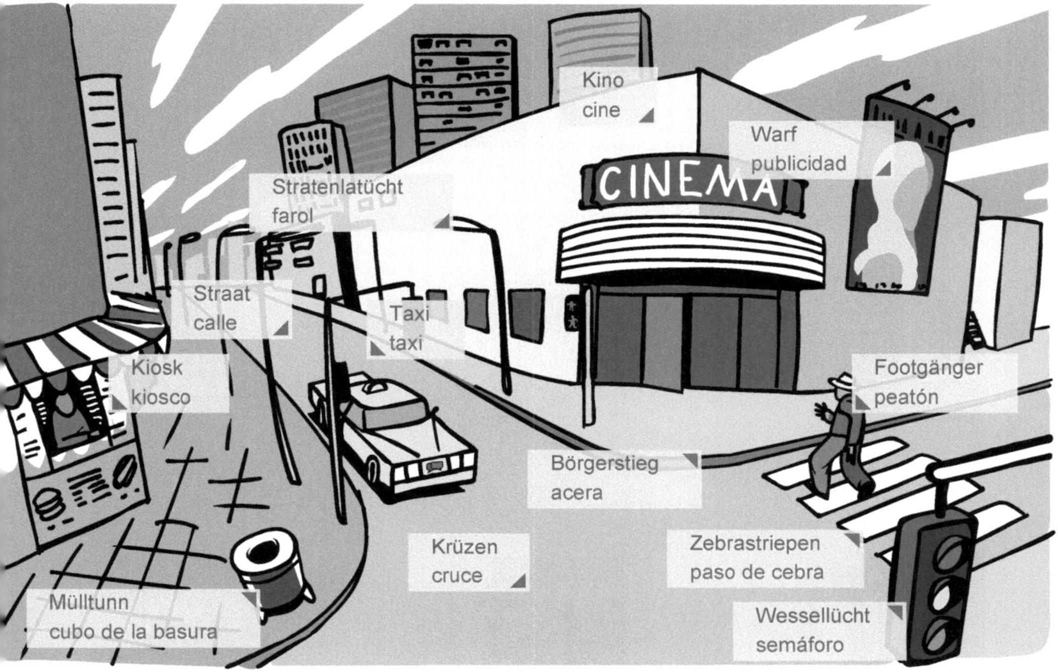

Kino
cine

Warf
publicidad

Stratenlatücht
farol

Straat
calle

Taxi
taxi

CINEMA

Kiosk
kiosco

Footgänger
peatón

Börgerstieg
acera

Krüzen
cruce

Zebrastriepen
paso de cebra

Wessellücht
semáforo

Mülltunn
cubo de la basura

Hütt

cabaña

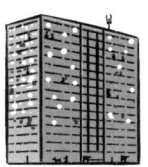

Wahnung

apartamento

Bahnhoff

estación de tren

Raathuus

ayuntamiento

Museum

museo

School

escuela

Universität

universidad

Bank

banco

Krankenhuus

hospital

Hotel

hotel

Afteek

farmacia

Büro

oficina

Bookhökerie

librería

Hökerie

negocio

Blomenhökerie

florería

Supermarkt

supermercado

Markt

mercado

Koophuus

grandes almacenes

Fischhökerie

pescadería

Inkoopszentrum

centro comercial

Haven

puerto

Parkanlaag

parque

Bank

banco

Brüch

puente

Trepp

escalera

Ünnergrundbahn

metro

Tunnel

túnel

Busstoppsteed

parada de autobuses

Bar

bar

Spieslokal

restaurante

Breefkassen

buzón de correo

Stratenschild

letrero

Parkklock

parquímetro

Deertenpark

zoológico

Baadanstalt

piscina

Moschee

mezquita

Buernhoff

granja

Ümweltversmudden

polución

Karkhoff

cementerio

Kark

iglesia

Speelplatz

parque infantil

Tempel

templo

Landschop

paisaje

Blatt
hoja

Wiespahl
indicador de camino

Weg
sendero

Wisch
pradera

Steen
piedra

Boom
árbol

Wannerer
caminante

Fluss
río

Gras
pasto

Bloom
flor

Daal

valle

Barg

montaña

See

lago

Holt

bosque

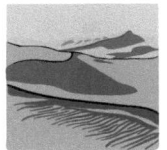

Wööst

desierto

Füerspien Barg

volcán

Slott

castillo

Regenbagen

arco iris

Poggenstohl

seta

Palm

palmera

Steekmück

mosquito

Fleeg

mosca

Miegeemk

hormiga

Imm

abeja

Spinn

araña

Sebber

escarabajo

Pogg

rana

Katteker

ardilla

Swienegel

erizo

Haas

liebre

Uul

lechuza

Vagel

pájaro

Swaan

cisne

Wildswien

jabalí

Hirsch

ciervo

Elk

alce

Staudamm

embalse

Windrad

aerogenerador

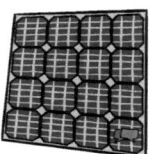

Solarmodul

módulo solar

Klima

clima

Spieslokal
restaurante

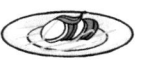

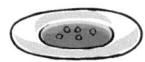

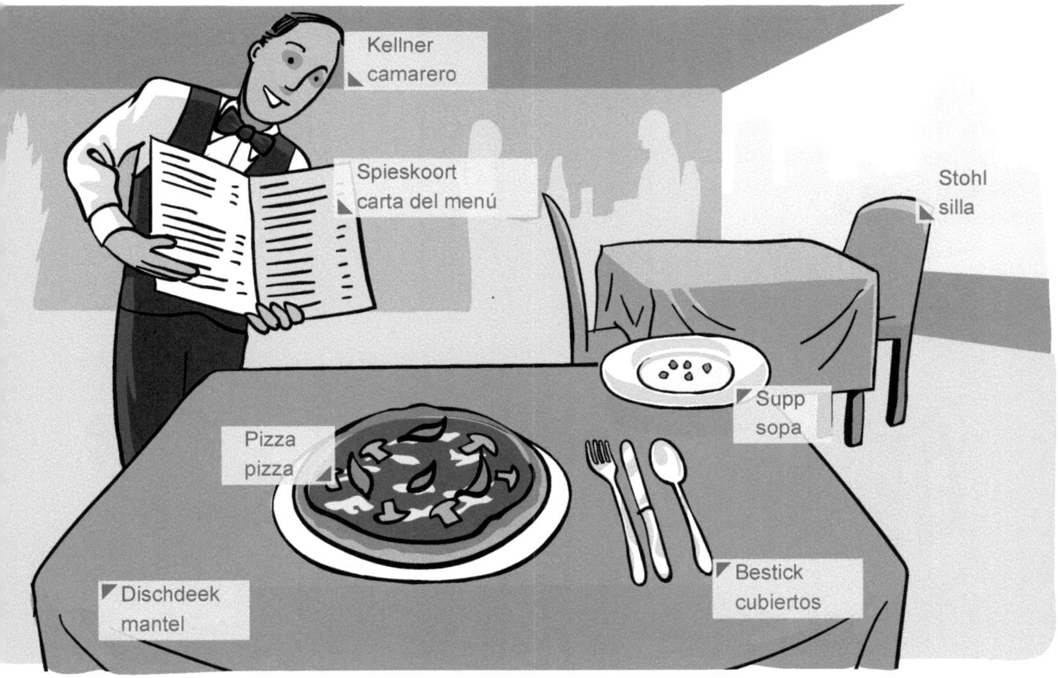
Kellner
camarero
Spieskoort
carta del menú
Stohl
silla
Supp
sopa
Pizza
pizza
Bestick
cubiertos
Dischdeek
mantel

Vörspies
entrada

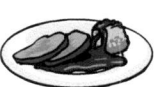

Haupteten
plato principal

Nadisch
postre

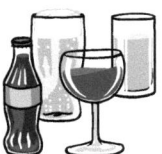

Drünk
bebida

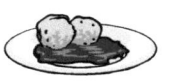

Eten
comida

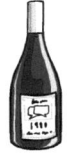

Buddel
botella

Fastfood

comida rápida

Strateneten

comida callejera

Teekann

tetera

Zuckerdoos

azucarera

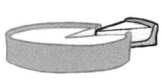

Portschoon

porción

Espressomaschien

máquina de espresso

Hoochstohl

silla alta

Reken

factura

Tablett

bandeja

Mess

cuchillo

Gavel

tenedor

Lepel

cuchara

Teelepel

cuchara de té

Munddook

servilleta

Glas

vaso

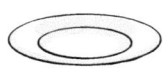

Töller

plato

Suppentöller

plato de sopa

Ünnertass

platillo

Sooß

salsa

Soltstreuer

salero

Pepermöhl

molinillo para pimienta

Etig

vinagre

Ööl

aceite

Krüder

especias

Ketchup

ketchup

Mostrich

mostaza

Mayonnaise

mayonesa

Supermarkt

supermercado

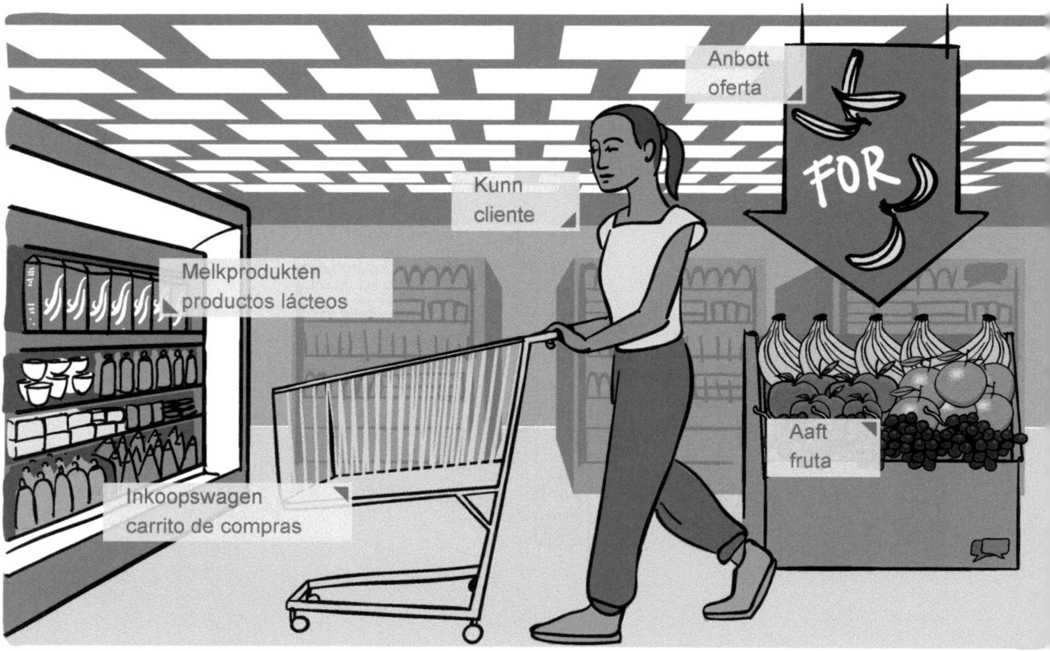

Anbott
oferta
FOR
Kunn
cliente
Melkprodukten
productos lácteos
Aaft
fruta
Inkoopswagen
carrito de compras

BUTCHERS

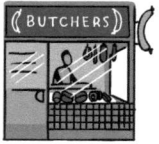

Slachterie

carnicería

BAKERY

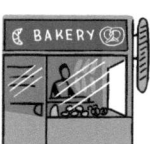

Bäckerie

panadería

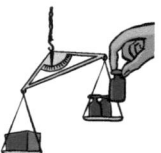

wegen

pesar

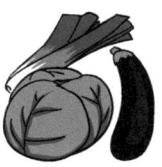

Gröönsaken

verdura

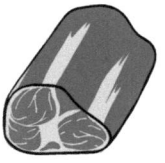

Fleesch

carne

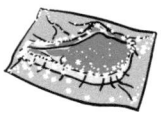

Deepköhlkost

alimentos congelados

Opsnitt

fiambre

Konserven

conservas

Waschmiddel

detergente en polvo

Snoopkraam

dulces

Huushooltssaken

artículos domésticos

Reinmaaktüüch

productos de limpieza

Verköpersche

vendedora

Kass

caja

Kasserer

cajero

Inkoopslist

lista de compras

Opsparrtieden

horario de atención

Breeftasch

cartera

Kreditkoort

tarjeta de crédito

Tasch

maleta

Plastiktüüt

bolsa plástica

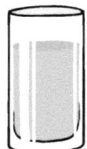

Water
agua

Saft
jugo

Melk
leche

Cola
refresco de cola

Wien
vino

Beer
cerveza

Spriet
alcohol

Kakao
cacao

Tee
té

Koffie
café

Espresso
espresso

Cappucino
cappuccino

Banaan

banana

Appel

manzana

Appelsien

naranja

Meloon

sandía

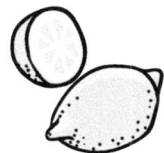

Zitroon

limón

Wöttel

zanahoria

Knuuvlook

ajo

Bambus

bambú

Zibbel

cebolla

Poggenstohl

seta

Nööt

nueces

Nudeln

fideos

Spaghetti

espagueti

Ries

arroz

Salat

ensalada

Pommes frites

patatas fritas

Braadkantüffeln

patatas salteadas

Pizza

pizza

Hamborger

hamburguesa

Sandwich

sándwich

Snitzel

escalope

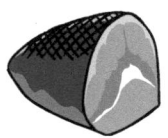

Schinken

jamón

Salami

salame

Wust

embutido

Hohn

pollo

Braden

asado

Fisch

pescado

Haverflocken

copos de avena

Müsli

musli

Cornflakes

copos de maíz tostado

Mehl

harina

Croissant

croissant

Rundstück

panecillo

Broot

pan

Toast

tostada

Keksen

galletas

Botter

mantequilla

Quark

cuajada

Koken

pastel

Ei

huevo

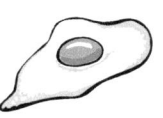

Spegelei

huevo frito

Kees

queso

Ies

helado

Zucker

azúcar

Honnig

miel

Marmelaad

mermelada

Nougat-Creme

praliné

Curry

curry

Buernhoff
granja

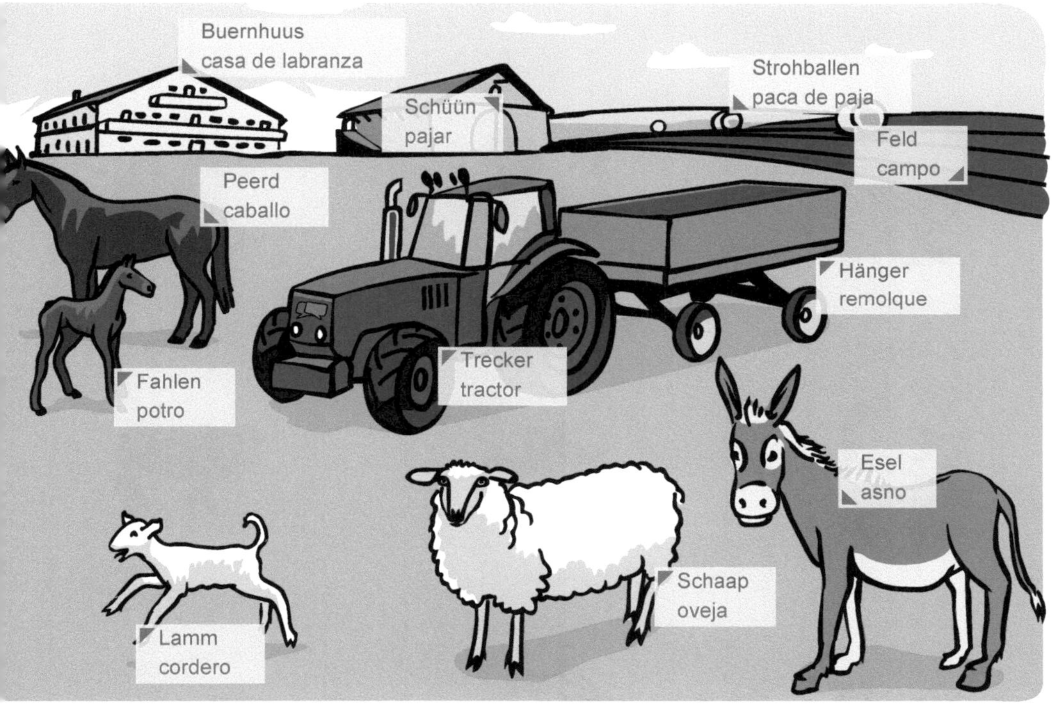

Buernhuus
casa de labranza
Schüün
pajar
Strohballen
paca de paja
Feld
campo
Peerd
caballo
Hänger
remolque
Trecker
tractor
Fahlen
potro
Esel
asno
Schaap
oveja
Lamm
cordero

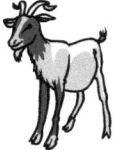

Zeeg
cabra

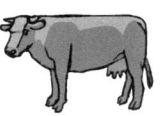

Koh
vaca

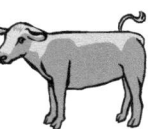

Kalf
ternero

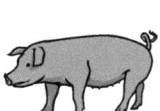

Swien
cerdo

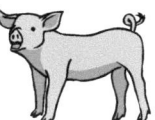

Farken
lechón

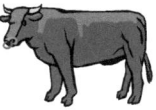

Bull
toro

Goos

ganso

Aant

pato

Küken

polluelo

Hohn

pollo

Hahn

gallo

Rott

rata

Katt

gato

Muus

ratón

Oss

buey

Hund

perro

Hunnenhütt

caseta del perro

Goornslauch

manguera de riego

Geetkann

regadera

Lee

guadaña

Ploog

arado

Sich

hoz

Hack

azada

Mestfork

bieldo

Ext

hacha

Schuufkoor

carretilla

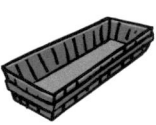

Trog

abrevadero

Melkkann

lechera

Sack

saco

Tuun

cerca

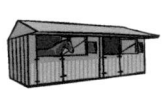

Stall

establo

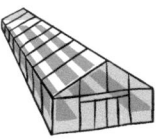

Drievhuus

invernadero

Bodden

suelo

Saat

semilla

Dünger

fertilizante

Meihdöscher

cosechadora

oornen

cosechar

Oorn

cosecha

Yamswöttel

raíz de ñame

Weten

trigo

Soja

soja

Kantüffel

patata

Törksche Weten

maíz

Rapp

colza

Aaftboom

Árbol frutal

Troopsch Kantüffel

mandioca

Koorn

cereales

Huus
casa

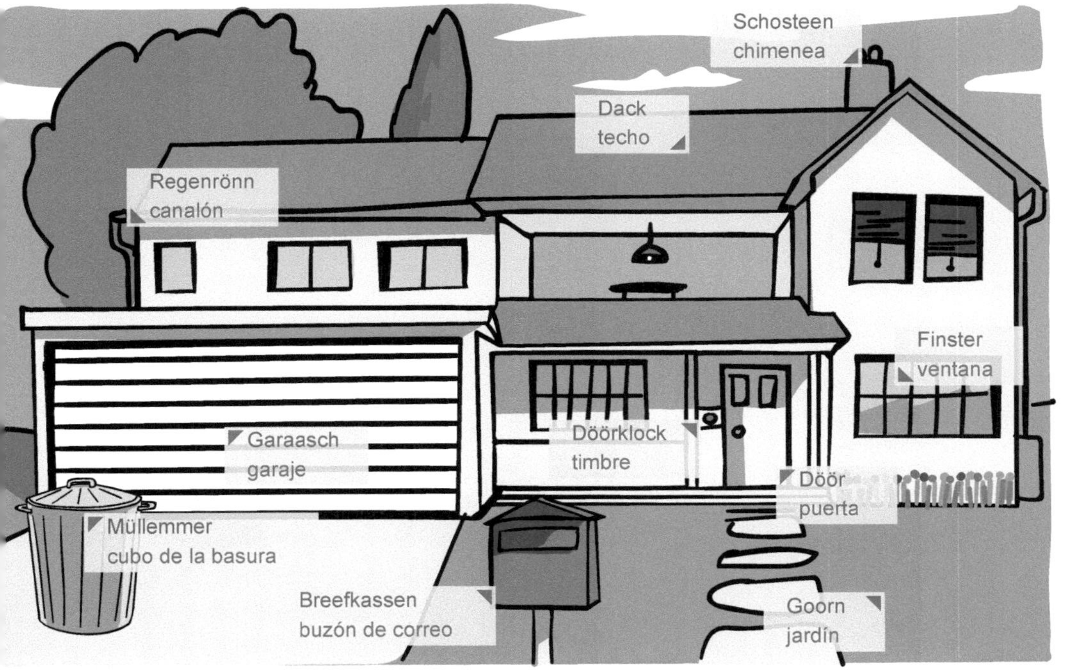
Schosteen
chimenea
Dack
techo
Regenrönn
canalón
Finster
ventana
Garaasch
garaje
Döörklock
timbre
Döör
puerta
Müllemmer
cubo de la basura
Breefkassen
buzón de correo
Goorn
jardín

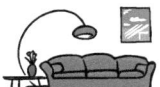

Wahnstuuv
cuarto de estar

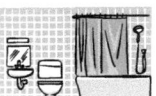

Baadstuuv
cuarto de baño

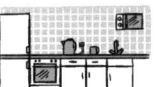

Köök
cocina

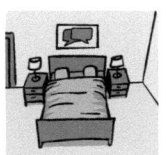

Slaapstuuv
dormitorio

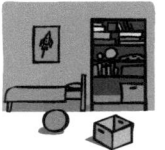

Kinnerstuuv
cuarto de los niños

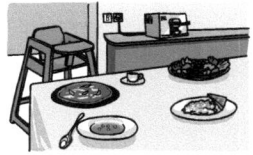

Eetstuuv
comedor

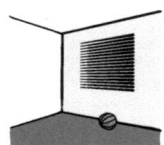

Footbodden

piso

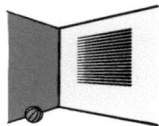

Wand

pared

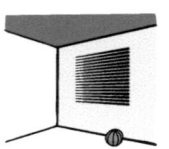

Deek

cielorraso

Keller

sótano

Hittluftbad

sauna

Balkon

balcón

Terrass

terraza

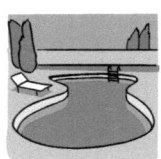

Swümmbad

piscina

Rasenmeiher

cortacésped

Bettbetog

funda nórdica

Bettdeek

edredón

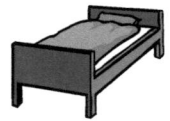

Puuch

cama

Bessen

escoba

Emmer

cubo

Schalter

interruptor

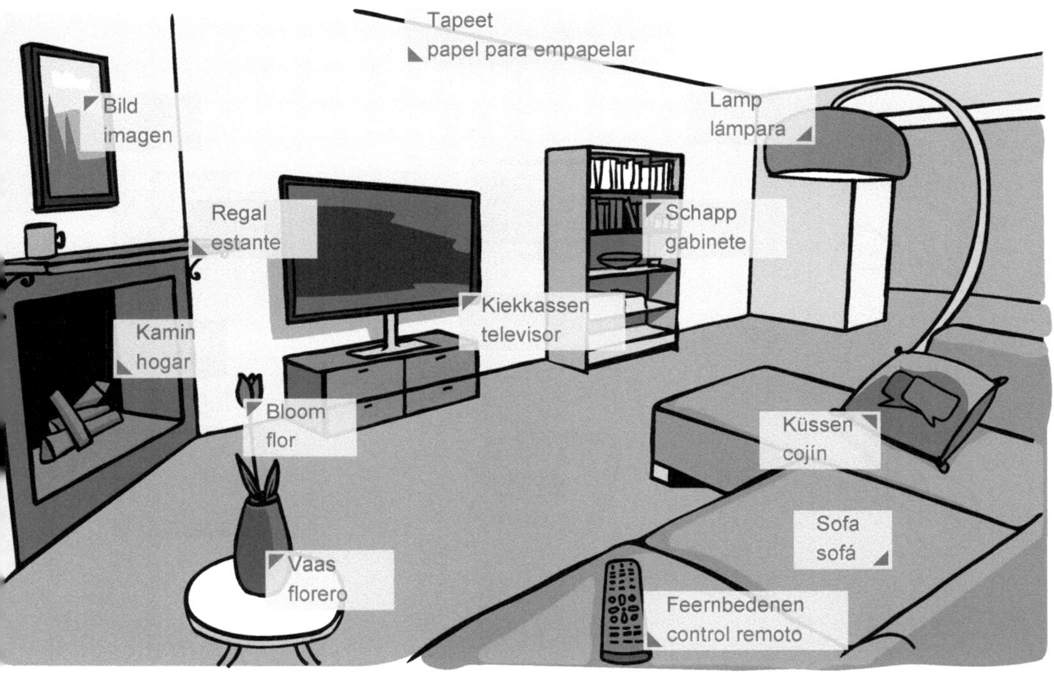

Tapeet
papel para empapelar

Bild
imagen

Lamp
lámpara

Regal
estante

Schapp
gabinete

Kiekkassen
televisor

Kamin
hogar

Bloom
flor

Küssen
cojín

Sofa
sofá

Vaas
florero

Feernbedenen
control remoto

Teppich
alfombra

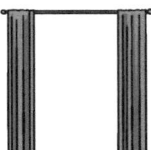

Vörhang
cortina

Disch
mesa

Stohl
silla

Schuckelstohl
mecedora

Sessel
sillón

Book

libro

Deek

frazada

Dekoratschoon

decoración

Füerholt

leña

Film

film

Stereoanlaag

equipo estereofónico

Slötel

llave

Narichtenblatt

periódico

Gemälde

cuadro

Poster

póster

Radio

radio

Opschrievblock

bloc de notas

Huulbessen

aspiradora

Kaktus

cactus

Kars

vela

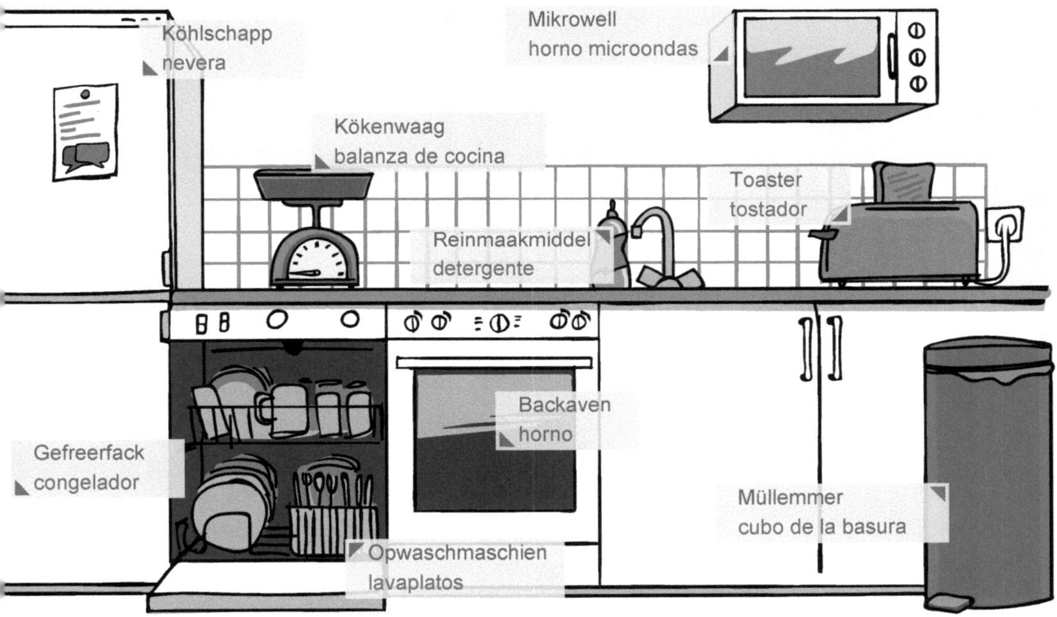

Köhlschapp
nevera

Mikrowell
horno microondas

Kökenwaag
balanza de cocina

Toaster
tostador

Reinmaakmiddel
detergente

Backaven
horno

Gefreerfack
congelador

Müllemmer
cubo de la basura

Opwaschmaschien
lavaplatos

Heerd

cocina

Pott

olla

Gussiesern Putt

olla de fundición de hierro

Wok / Kadai

wok / kadai

Pann

sartén

Waterkaker

hervidor de agua

Dampkaakputt

olla de vapor

Backblick

bandeja de horno

Geschirr

vajilla

Beker

vaso

Schaal

bol

Eetsticken

palillos para comer

Suppenkell

cucharón de sopa

Pannenwenner

espátula

Sneebessen

batidor

Kaakseef

colador

Seef

cedazo

Riev

rallador

Mörser

mortero

Grill

parrillada

Füerstell

fogata

Köök - cocina

Sniedbrett

tabla de picar

Nudelholt

rodillo

Proppentrecker

sacacorchos

Doos

lata

Dosenaapner

abrelatas

Pottlappen

agarrador

Waschbecken

fregadero

Böst

cepillo

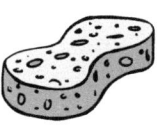

Swamm

esponja

Mixer

batidora

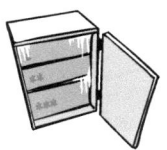

lesschapp

arcón congelador

Nuckelbuddel

biberón

Waterhahn

grifo

Baadstuuv
cuarto de baño

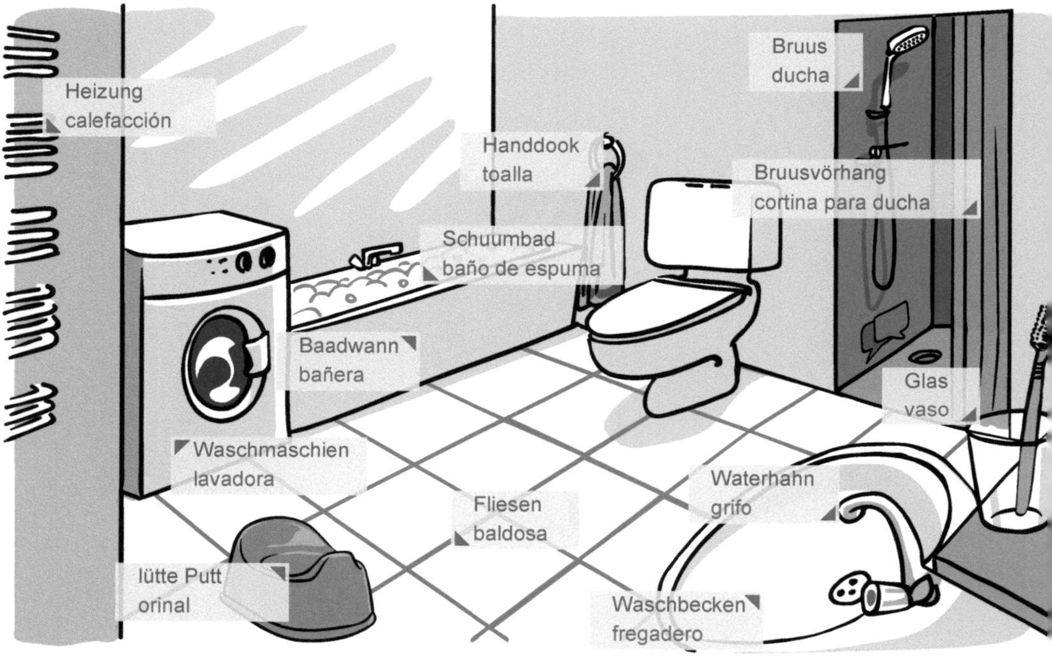
Heizung
calefacción
Handdook
toalla
Bruus
ducha
Bruusvörhang
cortina para ducha
Schuumbad
baño de espuma
Baadwann
bañera
Glas
vaso
Waschmaschien
lavadora
Waterhahn
grifo
Fliesen
baldosa
lütte Putt
orinal
Waschbecken
fregadero

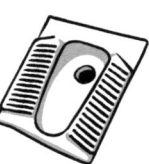

Tante Meier

cuarto de baño

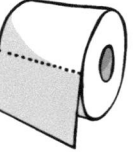

Hockklo

placa turca

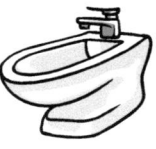

Bidet

bidé

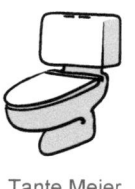

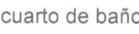

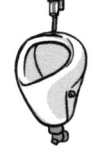

Miegbecken

urinario

Klopapeer

papel higiénico

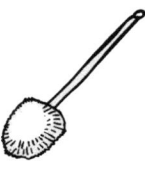

Kloböst

escobilla para el cuarto de baño

Tähnböst

cepillo de dientes

Tähnpast

pasta dentífrica

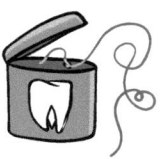

Tähnsied

seda dental

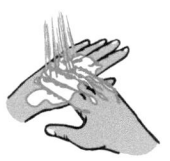

waschen

lavar

Handbruus

ducha teléfono

Intimbruus

ducha higiénica

Waschschöttel

cuenco

Rüchböst

cepillo para la espalda

Seep

jabón

Bruusgeel

gel de ducha

Hoorwaschmiddel

champú

Waschlappen

manopla para baño

Afloop

desagüe

Creme

crema

Deodorant

desodorante

Spegel

espejo

Kosmetikspegel

espejo de maquillaje

Raserer

máquina de afeitar

Raseerschuum

espuma de afeitar

Raseerwater

loción para después del afeitado

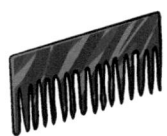

Kamm

peine

Böst

cepillo

Hoordröger

secador para cabello

Hoorspray

laca de peinado

Smink

maquillaje

Lippensticken

lápiz labial

Nagellack

laca para uñas

Watt

algodón

Nagelscheer

tijera para uñas

Rüükwater

perfume

Kulturbüdel

neceser

Schemel

taburete

Waag

balanza

Baadmantel

bata de baño

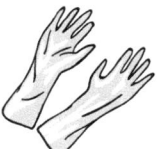

Gummihanschen

guantes de goma

Tampon

tampón

Damenbinn

compresa

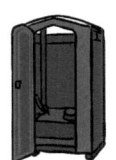

Chemieklo

wáter químico

Kinnerstuuv
cuarto de los niños

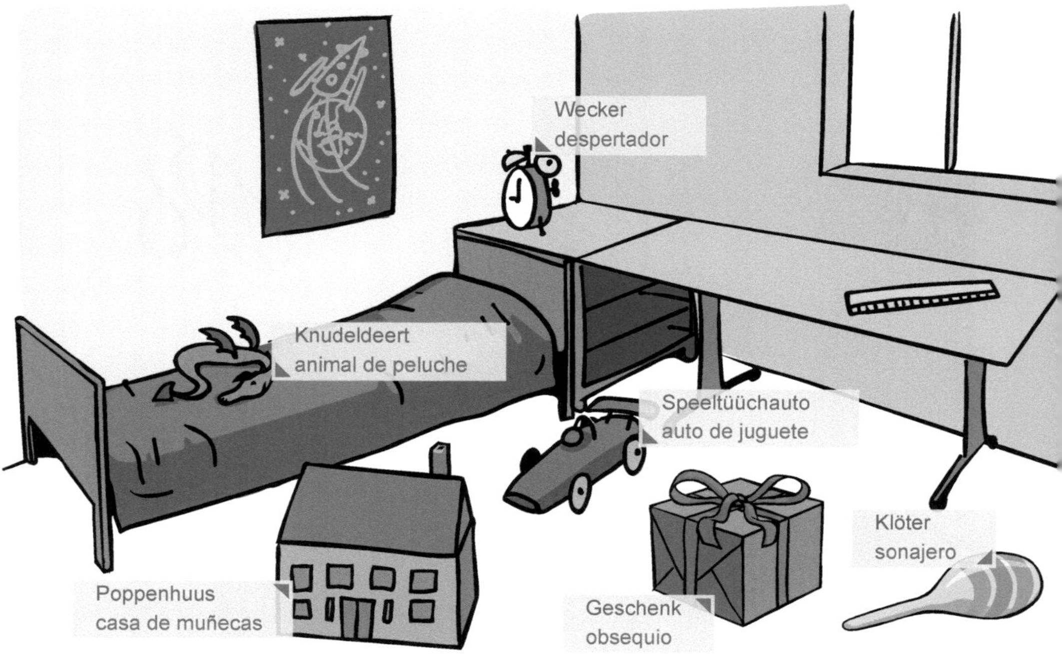
Wecker
despertador
Knudeldeert
animal de peluche
Speeltüüchauto
auto de juguete
Klöter
sonajero
Poppenhuus
casa de muñecas
Geschenk
obsequio

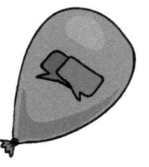

Luftballon

globo

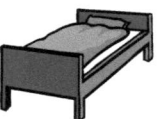

Puuch

cama

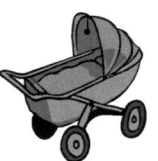

Kinnerwagen

cochecito para niños

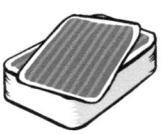

Koortenspeel

juego de barajas

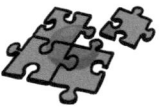

Puzzle

rompecabezas

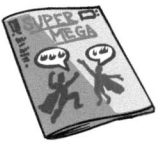

Billergeschicht

cómic

Legostenen

piezas de Lego

Bustenen

bloques para jugar

Action-Figur

figura de acción

Strampelantog

pijama de una pieza

Frisbeeschiev

frisbee

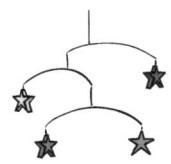

Mobile

móvil

Brettspeel

juego de mesa

Wörpel

dado

Modelliesenbahn

tren eléctrico a escala

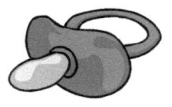

Snuller

chupete

Party

fiesta

Billerbook

libro de dibujos

Ball

pelota

Popp

títere

spelen

jugar

Sandkassen

arenero

Schuckel

columpio

Speeltüüch

juguetes

Speelkonsool

consola de videojuego

Dreerad

triciclo

Teddyboor

osito de peluche

Klederschapp

guardarropa

Tüüch

vestimenta

Socken

calcetines

Strümp

medias

Strumpbüx

panti

Halsdook
chal

Liefreem
cinturón

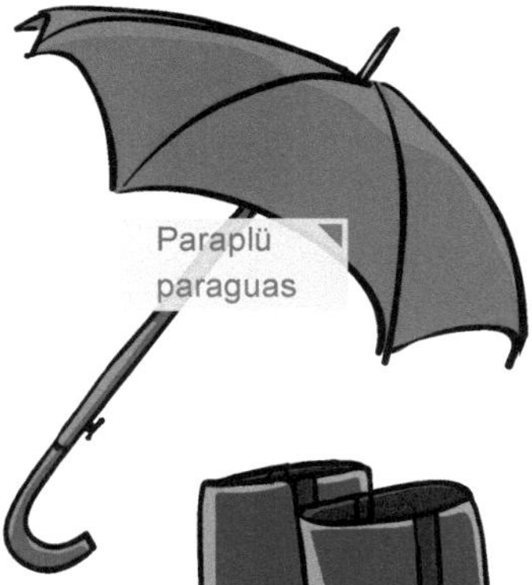

Paraplü
paraguas

T-Shirt
camiseta

Turnschoh
deportivas

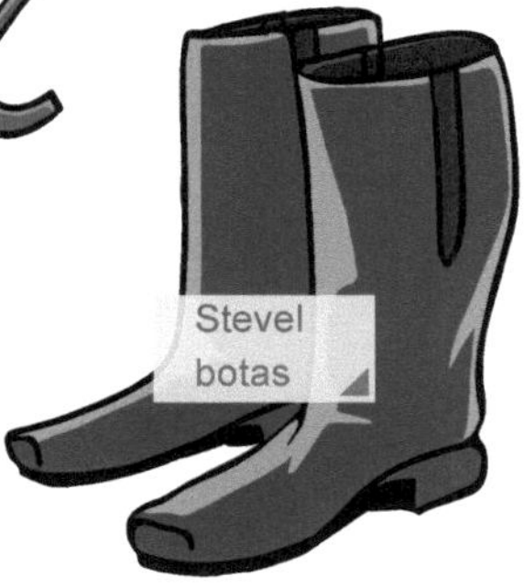

Stevel
botas

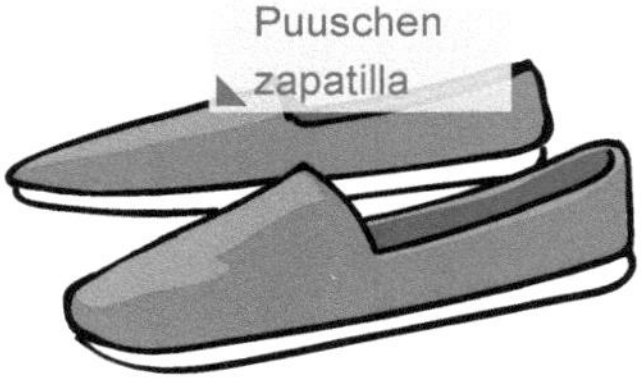

Puuschen
zapatilla

Sandalen
sandalias

Schoh
zapatos

Gummistevel
botas de goma

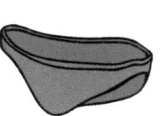

Ünnerbüx
ropa interior

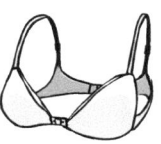

Bostholler
corpiño

Ünnerhemd
camiseta

Lief
body

Büx
pantalón

Jeansnüx
jeans

Rock
falda

Bluus
blusa

Hemd
camisa

Pullover
pullover

Kapuzenpullover
sweater

Blazer
blazer

Jack
chaqueta

Mantel
abrigo

Övertrecker
impermeable

Kostüm
traje chaqueta

Kleed
vestido

Hochtietskleed
vestido de bodas

Antog

traje

Nachtkleed

camisón

Slaapantog

pijama

Sari

sari

Koppdook

pañuelo de cabeza

Turban

turbante

Burka

burka

Kaftan

caftán

Abaya

abaya

Baadantog

traje de baño

Baadbüx

bañador

Korte Büx

shorts

Antog to'n Öven

chándal

Schört

delantal

Handschoh

guante

Knopp

botón

Brill

gafa

Armband

brazalete

Halskeed

cadena

Ring

anillo

Ohrbummel

aro

Mütz

gorra

Klederbögel

percha

Hoot

sombrero

Binner

corbata

Rietslüter

cierre a cremallera

Helm

casco

Drachtband

tiradores

Schooluniform

uniforme escolar

Uniform

uniforme

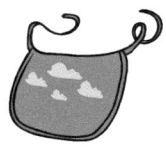

Severböten

babero

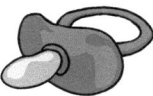

Snuller

chupete

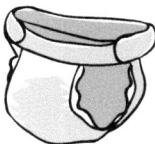

Winnel

pañal

Büro
oficina

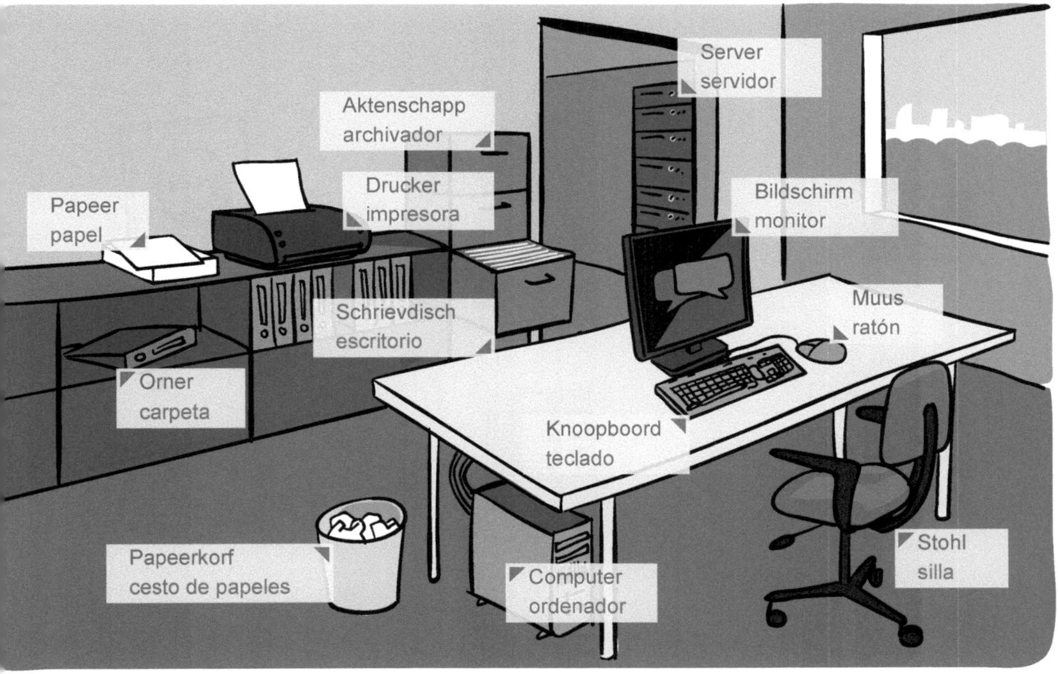

Server
servidor
Aktenschapp
archivador
Drucker
impresora
Papeer
papel
Bildschirm
monitor
Muus
ratón
Schrievdisch
escritorio
Orner
carpeta
Knoopboord
teclado
Papeerkorf
cesto de papeles
Computer
ordenador
Stohl
silla

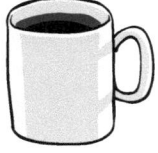

Koffiebeker

taza de café

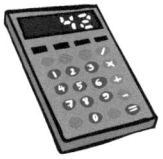

Taschenreekner

calculadora

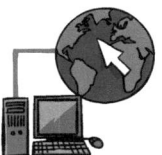

Internet

internet

Klappreekner

laptop

Breef

carta

Naricht

mensaje

Ackersnacker

teléfono móvil

Nettwark

red

Kopeerapparat

fotocopiadora

Software

software

Klöönkassen

teléfono

Steekdoos

tomacorriente

Faxapparat

máquina de fax

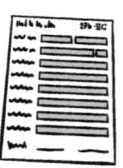

Formulor

formulario

Dokument

documento

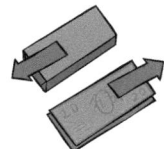

köpen
....
comprar

betahlen
....
pagar

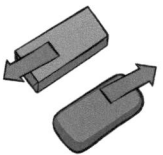

hanneln
....
comerciar

Geld
....
dinero

Dollar
....
dólar

Euro
....
euro

Yen
....
yen

Ruvel
....
rublo

Swiezer Franken
....
franco

Renminbi Yuan
....
renminbi

Rupie
....
rupia

Geldautomat
....
cajero automático

Wesselstuuv

casa de cambio

Gold

oro

Sülver

plata

Ööl

petróleo

Energie

energía

Pries

precio

Verdrag

contrato

Stüer

impuesto

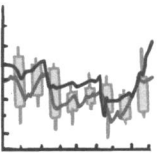

Andeelschien

acción

arbeiden

trabajar

Anstellte

empleado

Arbeitgever

empleador

Fabrik

fábrica

Hökerie

negocio

Profeschonen
ocupaciones

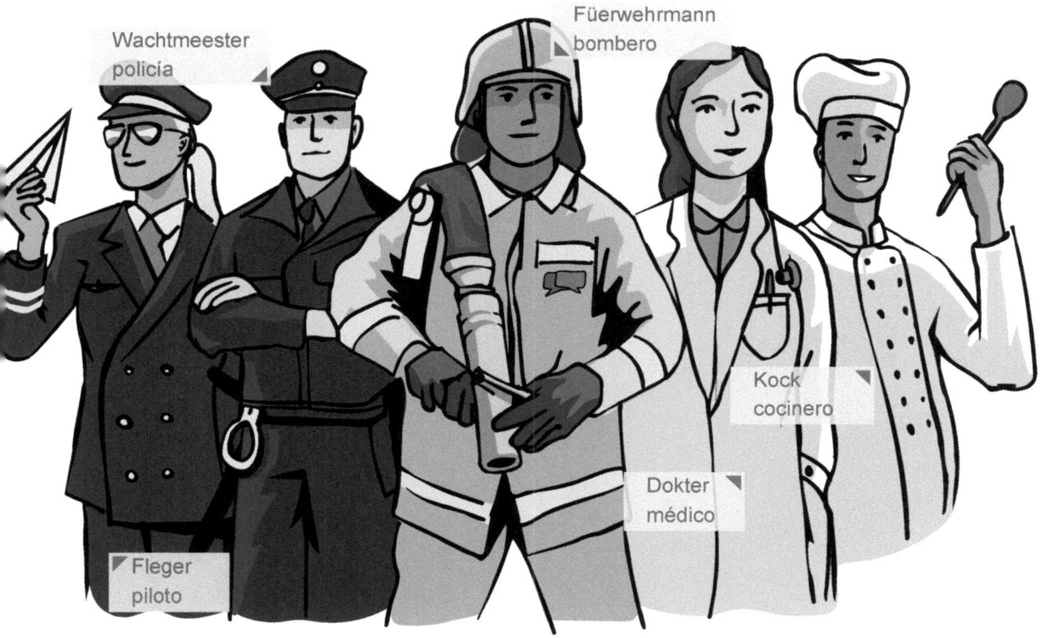

Wachtmeester
policía
Füerwehrmann
bombero
Kock
cocinero
Dokter
médico
Fleger
piloto

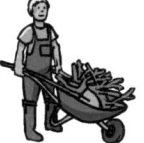

Goorner

jardinero

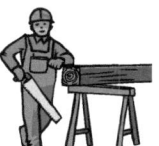

Discher

carpintero

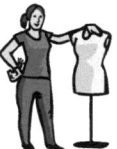

Neihersche

costurera

Richter

juez

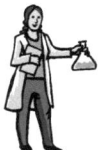

Chemiker

químico

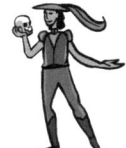

Schauspeler

actor

Busfohrer

conductor de autobús

Taxifohrer

taxista

Fischer

pescador

Reinmaakfru

mujer de la limpieza

Dackdecker

techista

Kellner

camarero

Jäger

cazador

Maler

pintor

Bäcker

panadero

Elektriker

electricista

Buarbeider

albañil

Ingenieur

ingeniero

Slachter

carnicero

Klempner

fontanero

Postbüdel

cartero

Suldat

soldado

Architekt

arquitecto

Kasserer

cajero

Florist

florista

Putzbüdel

peluquero

Schaffner

cobrador

Mechaniker

mecánico

Kaptein

capitán

Tähndokter

odontólogo

Wetenschopler

científico

Rabbi

rabino

Imam

imam

Mönk

monje

Paap

párroco

Warktüüch
herramientas

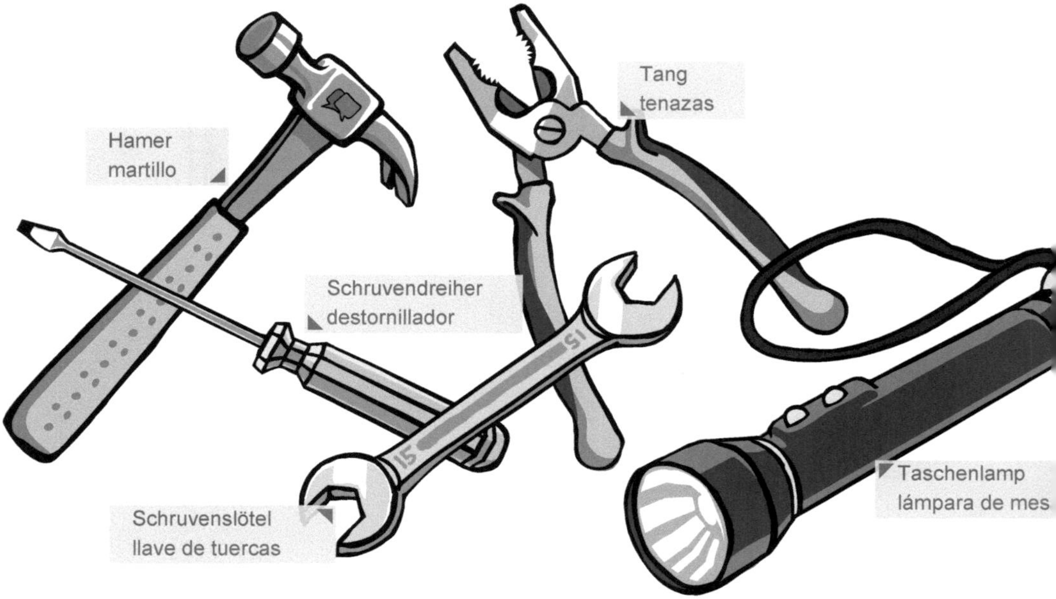

Hamer
martillo
Tang
tenazas
Schruvendreiher
destornillador
Schruvenslötel
llave de tuercas
Taschenlamp
lámpara de mes

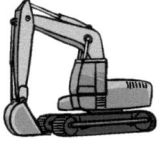

Grieper
excavadora

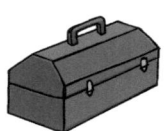

Warktüüchkassen
caja de herramientas

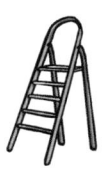

Ledder
escalerilla

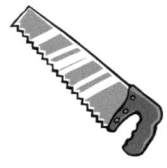

Saag
serrucho

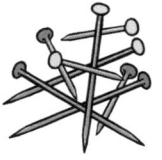

Nagels
clavos

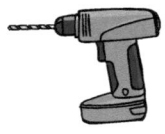

Bohrer
taladro

heelmaken

reparar

Schüffel

pala

Schiet!

¡Maldición!

Kehrblick

recogedor

Farvpott

lata de pintura

Schruven

tornillos

Musikinstrumenten
instrumentos musicales

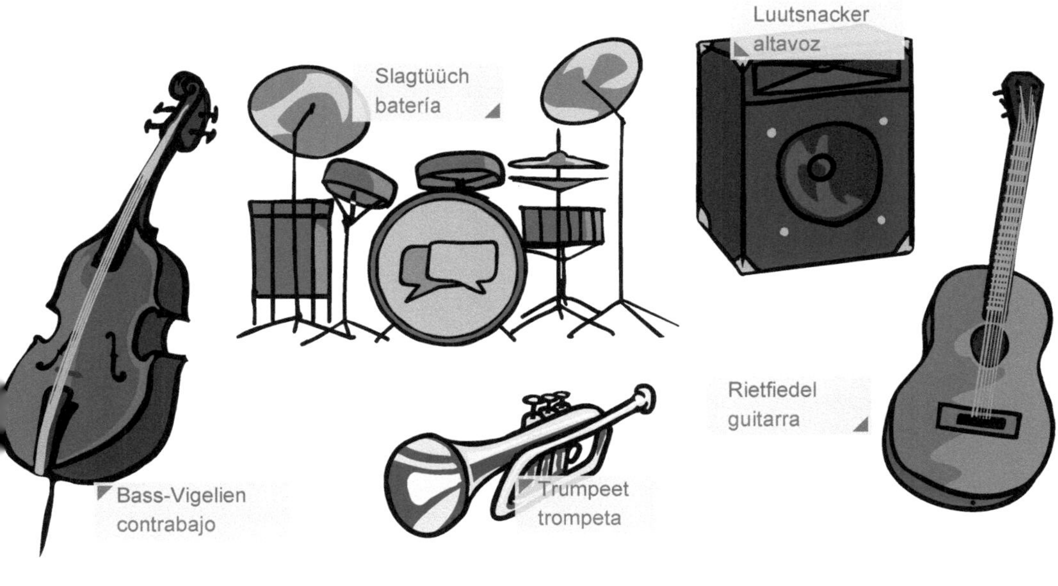

Slagtüüch
batería

Luutsnacker
altavoz

Rietfiedel
guitarra

Bass-Vigelien
contrabajo

Trumpeet
trompeta

Klaveer

piano

Vigelien

violín

Bass

bajo

Pauk

timbales

Trummeln

tambor

Keyboard

teclado

Saxophon

saxofón

Fleut

flauta

Mikrofoon

micrófono

Deertenpark
zoológico

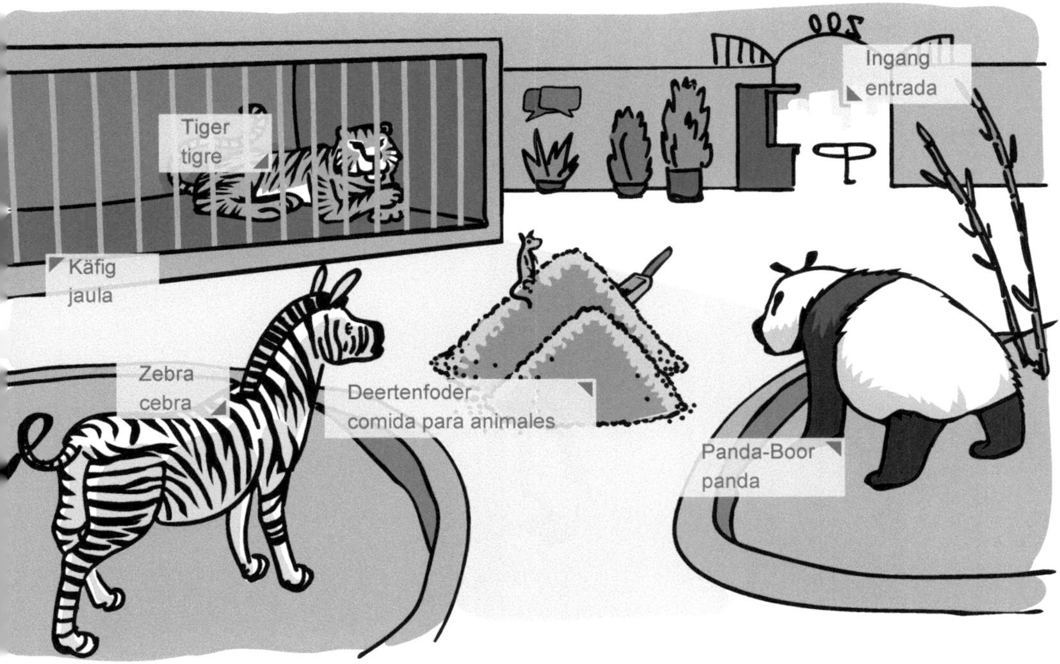
Ingang
entrada
Tiger
tigre
Käfig
jaula
Zebra
cebra
Deertenfoder
comida para animales
Panda-Boor
panda

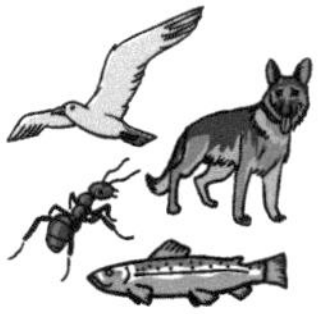

Deerten

animales

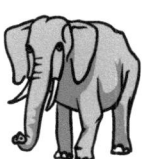

Elefant

elefante

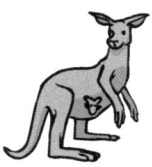

Känguru

canguro

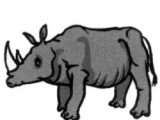

Neeshoorn

rinoceronte

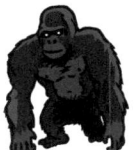

Gorilla

gorila

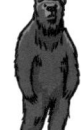

Boor

oso

Kameel

camello

Struuß

avestruz

Lööv

león

Aap

mono

Flamingo

flamengo

Papagoi

papagayo

Iesboor

oso polar

Pinguin

pingüino

Haifisch

tiburón

Pageluun

pavo real

Slang

serpiente

Krokodil

cocodrilo

Oppasser in'n Deertenpark

cuidador del zoológico

Saalhund

foca

Jaguor

jaguar

Pony

pony

Leopard

leopardo

Nilpeerd

hipopótamo

Giraff

jirafa

Aadler

águila

Wildswien

jabalí

Fisch

pescado

Schildkrööt

tortuga

Walross

morsa

Voss

zorro

Gazell

gacela

Amerikaansch Football
fútbol americano

Radfohren
ciclismo

Tennis
tenis

Korfball
baloncesto

Swümmen
natación

Boxen
boxeo

Ieshockey
hockey sobre hielo

Football
fútbol

Fedderball
badminton

Leichtathletik
atletismo

Handball
balonmano

Skilopen
esquí

Polo
polo

Aktivitäten
actividades

lachen
reír
springen
saltar
ümarmen
abrazar
gahn
caminar
singen
cantar
drömen
soñar
beden
rezar
snuteln
besar

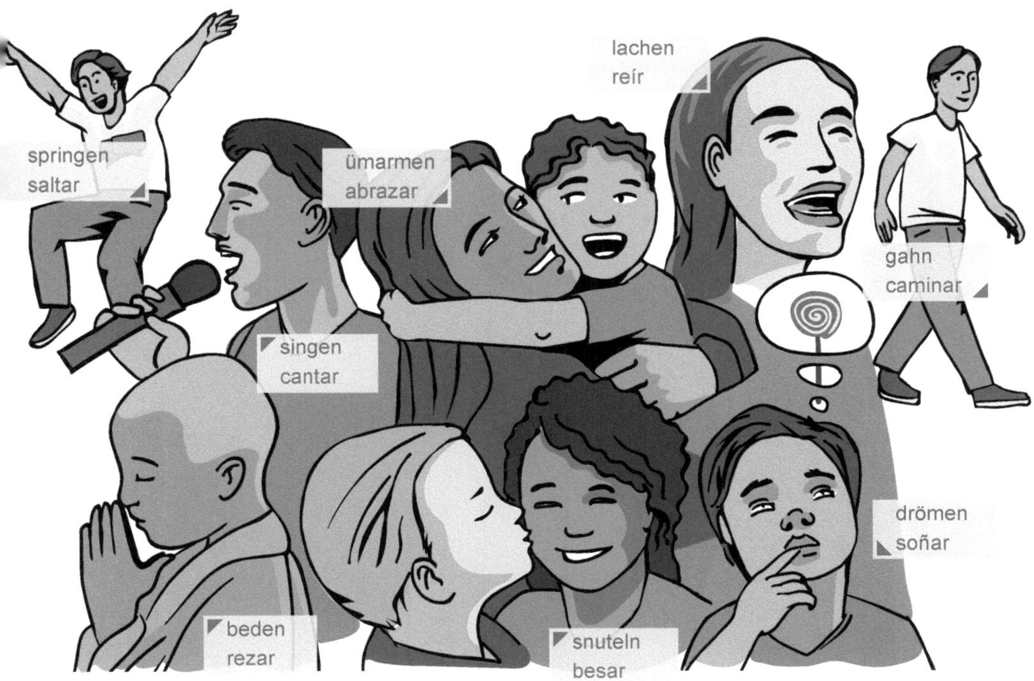

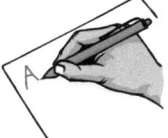

schrieven

escribir

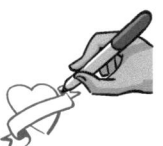

teken

dibujar

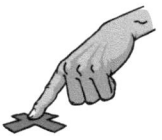

wiesen

mostrar

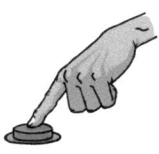

drücken

presionar

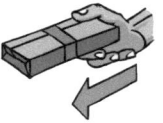

geven

dar

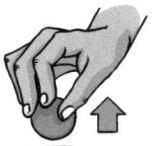

nehmen

tomar

hebben
tener

doon
hacer

sien
ser

stahn
estar de pie

lopen
correr

trecken
tirar

smieten
arrojar

fallen
caer

liggen
estar acostado

töven
esperar

dregen
llevar

sitten
estar sentado

antrecken
vestirse

slapen
dormir

opwaken
despertar

ankieken

mirar

wenen

llorar

eien

acariciar

kämmen

peinarse

snacken

conversar

verstahn

entender

fragen

preguntar

hören

oír

drinken

beber

eten

comer

oprümen

asear

leefhebben

amar

kaken

cocinar

fohren

conducir

flegen

volar

segeln

navegar

reken

calcular

lesen

leer

lehren

aprender

arbeiden

trabajar

de Plünnen tohoopsmieten

casarse

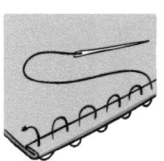

neihen

coser

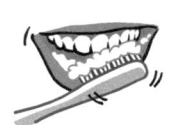

Tähnen putzen

limpiarse los dientes

dootmaken

matar

smöken

fumar

schicken

enviar

Grootmoder
abuela

Grootvadder
abuelo

Vadder
padre

Moder
madre

Winnelkind
bebé

Dochter
hija

Söhn
hijo

Gast

invitado

Tant

tía

Unkel

tío

Broder

hermano

Süster

hermana

Lief

cuerpo

Vörkopp
frente
Oog
ojo
Schuller
hombro
Finger
dedo
Gesicht
cara
Kinn
barbilla
Hand
mano
Been
pierna
Bost
pecho
Arm
brazo

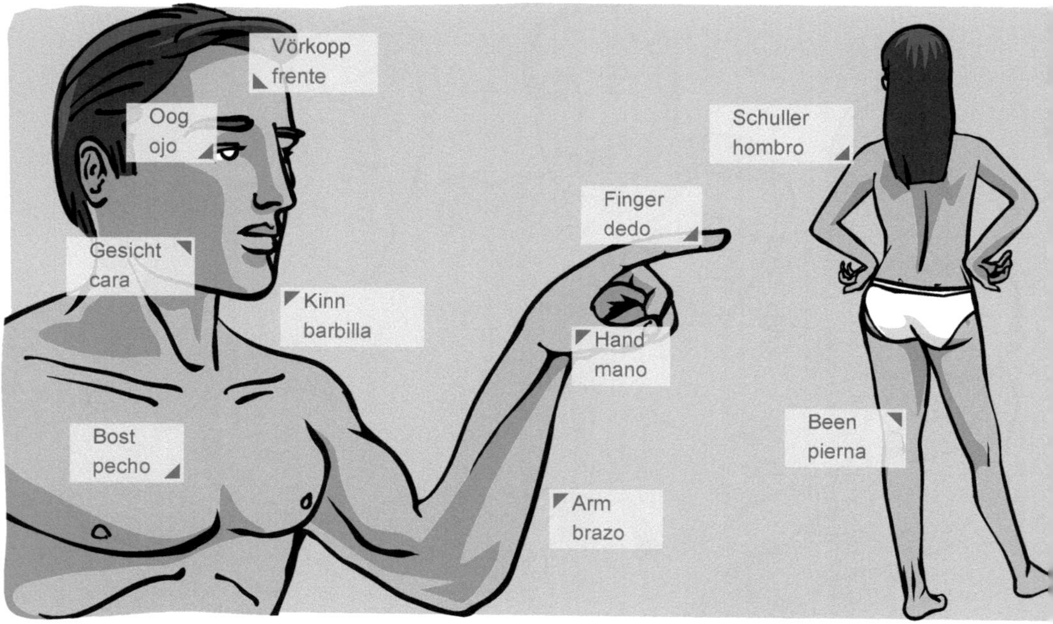

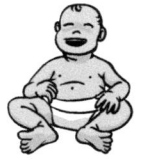

Winnelkind

bebé

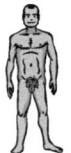

Mann

hombre

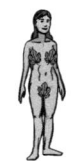

Fro

mujer

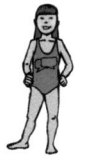

Deern

muchacha

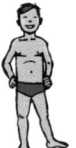

Jung

joven

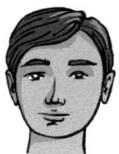

Arm

cabeza

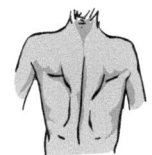

Rüch

espalda

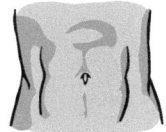

Buuk

vientre

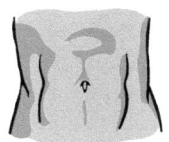

Navel

ombligo

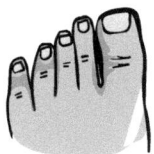

Teh

dedo del pie

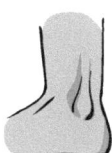

Hack

talón

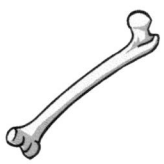

Knaken

hueso

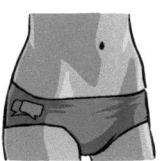

Hüft

cadera

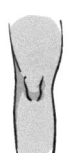

Knee

rodilla

Ellbagen

codo

Nees

nariz

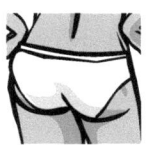

Achtersen

trasero

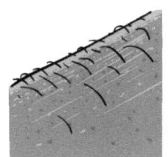

Huut

piel

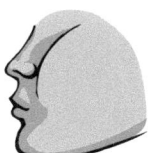

Back

mejilla

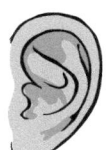

Ohr

oreja

Lipp

labio

Mund

boca

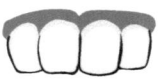

Tähn

diente

Tung

lengua

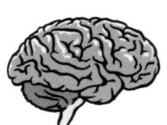

Bregen

cerebro

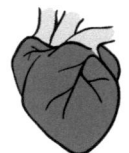

Hart

corazón

Muskel

músculo

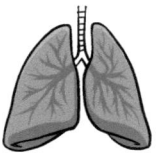

Lung

pulmón

Lever

hígado

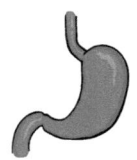

Maag

estómago

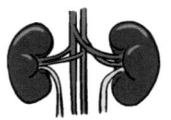

Neren

riñones

Bislaap

relación sexual

Kondoom

condón

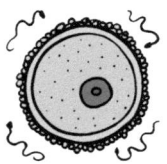

Eizell

Óvulo

Sperma

esperma

Anner Ümstänn

embarazo

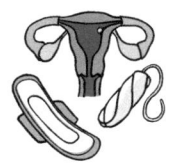

Menstruatschoon
....
menstruación

Scheed
....
vagina

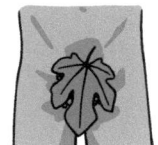

Pint
....
pene

Ogenbroe
....
ceja

Hoor
....
cabello

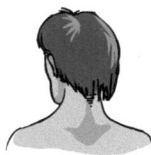

Hals
....
cuello

Krankenhuus
hospital

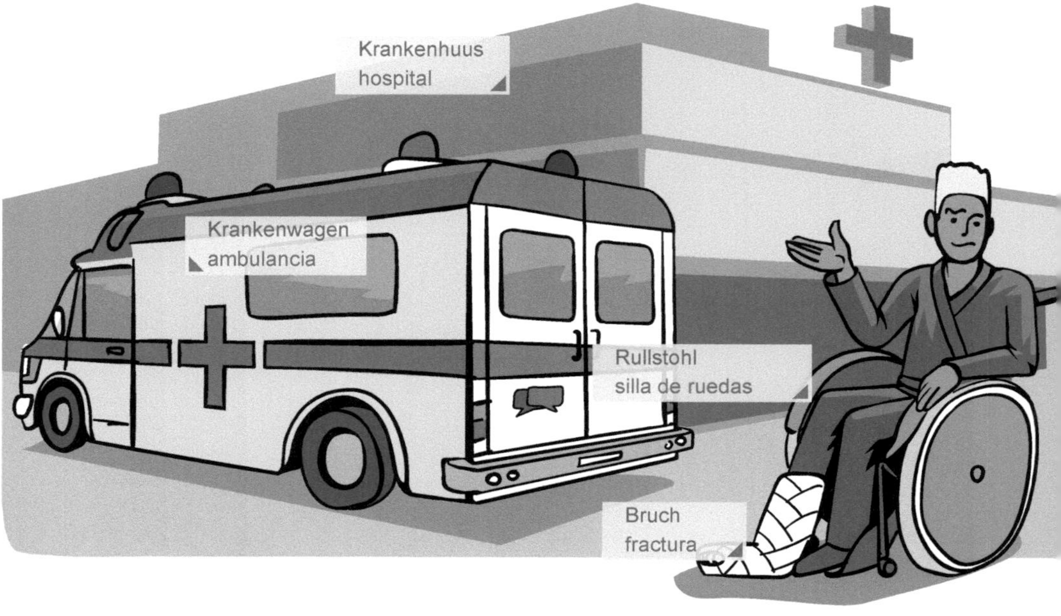

Krankenhuus
hospital
Krankenwagen
ambulancia
Rullstohl
silla de ruedas
Bruch
fractura

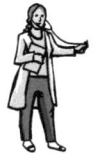

Dokter

médico

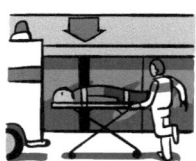

Nootopnahm

admisión de urgencia

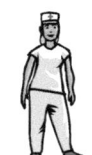

Krankensüster

enfermera

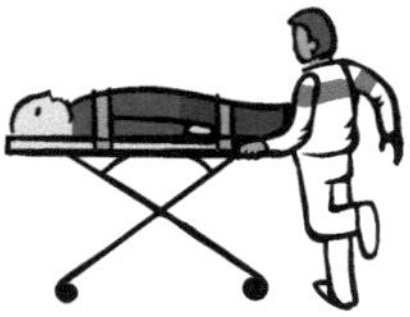

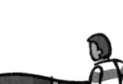

Nootfall

emergencia

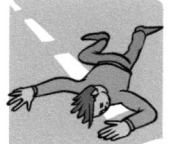

ahnmächtig

inconsciente

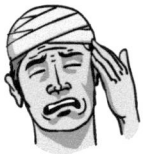

Wehdaag

dolor

Verwunnen

lesión

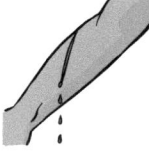

Blöden

hemorragia

Hartinfarkt

infarto de miocardio

Slaganfall

apoplejía cerebral

Allergie

alergia

Hoosten

tos

Fever

fiebre

Gripp

gripe

Dörchfall

diarrea

Koppwehdaag

dolor de cabeza

Kreeft

cáncer

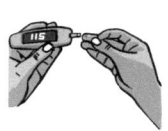

Zuckersüük

diabetes

Chirurg

cirujano

Chirurgsch Mess

escalpelo

Operatschoon

operación

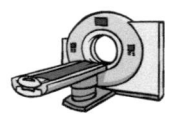

CT
TC

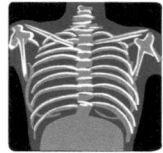

Dörchlüchten
rayos X

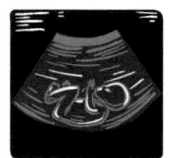

Ultraschall
ultrasonido

Mask
máscara

Krankheit
enfermedad

Töövruum
sala de espera

Krück
muleta

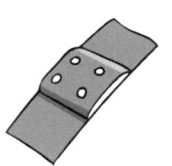

Plaaster
emplasto

Verband
vendaje

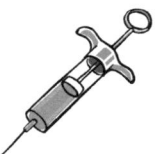

Insprütten
inyección

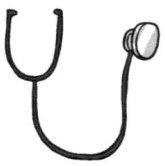

Stethoskop
estetoscopio

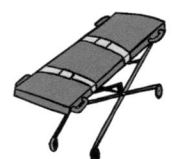

Draag
camilla

Feverthermometer
termómetro

Geboort
nacimiento

Övergewicht
sobrepeso

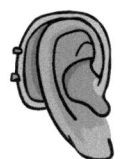

Höörapparat

audífono

Kiemfriemiddel

desinfectante

Ansteken

infección

Virus

virus

HIV / AIDS

VIH / SIDA

Heelmiddel

medicina

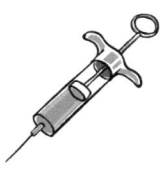

Impen

vacunación

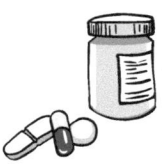

Tabletten

comprimido

Pill

píldora anticonceptiva

Nootroop

llamada de emergencia

Blootdruck-Meter

medidor de presión arterial

krank / gesund

enfermo / saludable

Hölp!

¡Ayuda!

Alarm

alarma

Överfall

asalto

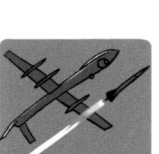

Angreep

ataque

Gefohr

peligro

Nootutgang

salida de emergencia

Füer!

¡Fuego!

Füerlöscher

extintor

Unfall

accidente

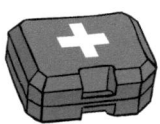

Noothölpkoffer

kit de primeros auxilios

SOS

SOS

Polizei

Policía

Europa

Europa

Noordamerika

América del Norte

Süüdamerika

América del Sur

Afrika

África

Asien

Asia

Australien

Australia

Atlantik

Atlántico

Pazifik

Pacífico

Indisch Weltmeer

Océano Índico

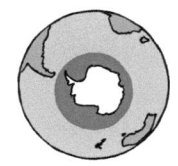

Antarktisch Weltmeer

Océano Antártico

Arktisch Weltmeer

Océano Ártico

Noordpol

Polo Norte

Süüdpol
Polo Sur

Antarktis
Antártida

Eerd
Tierra

Land
país

See
mar

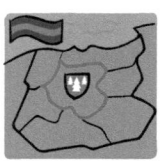

Eiland
isla

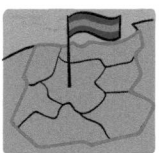

Natschoon
nación

Staat
Estado

Tallenblatt

cuadrante

Stunnenwieser

horario

Minutenwieser

minutero

Sekunnenwieser

segundero

Wo laat is dat?

¿Qué hora es?

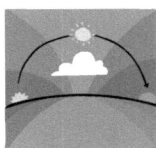

Dag

día

Tiet

tiempo

nu

ahora

digetaalsch Klock

reloj digital

Minuut

minuto

Stunn

hora

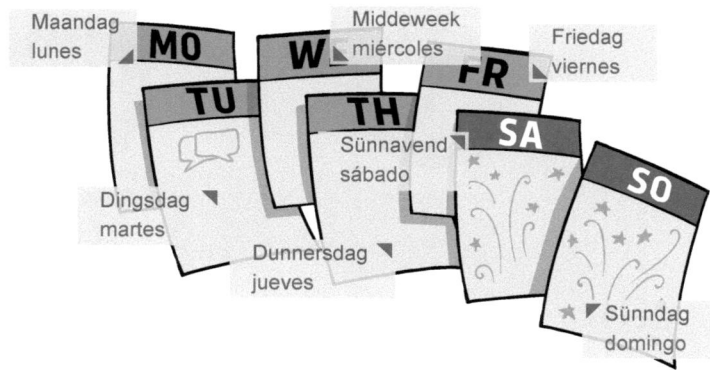

Maandag / lunes
Middeweek / miércoles
Friedag / viernes
Dingsdag / martes
Sünnavend / sábado
Dunnersdag / jueves
Sünndag / domingo

güstern
ayer

hüüt
hoy

morgen
mañana

Morgen
mañana

Meddag
mediodía

Avend
tarde

Arbeitsdaag
jornada de trabajo

Wekenenn
fin de semana

Johr

año

Regen
lluvia
Regenbagen
arco iris
Wind
viento
Snee
nieve
Fröhjohr
primavera
Harvst
otoño
Sommer
verano
Winter
invierno

4.APRIL 11°
5.APRIL 4°
6.APRIL 13°
7.APRIL 8°
8.APRIL 10°

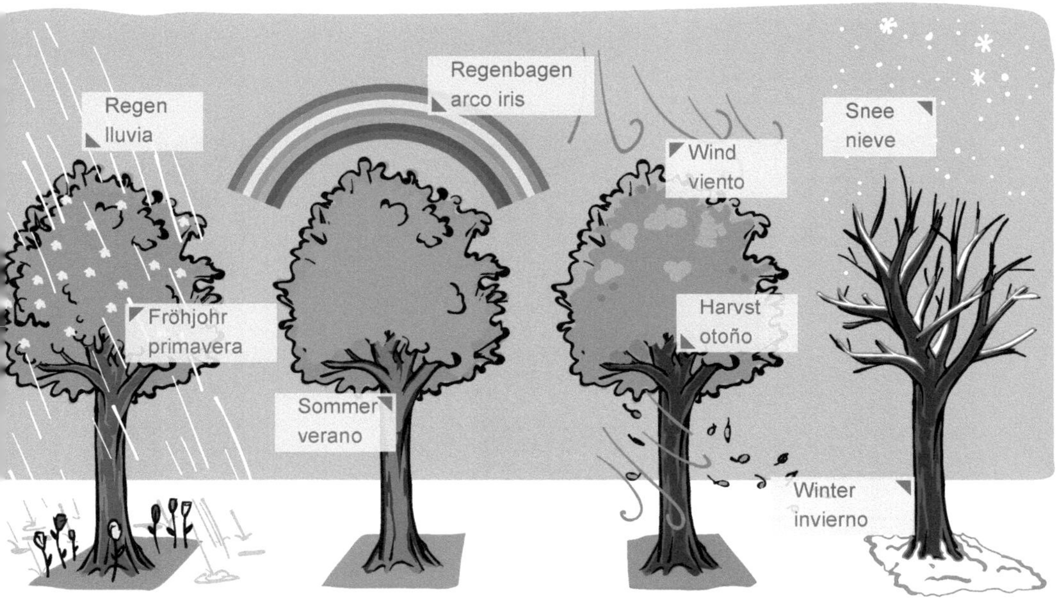

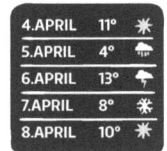

Wedervörhersaag

pronóstico meteorológico

F C
120 40
90 30
60 20
30 10
0 0
-30 -10
-20

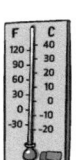

Thermometer

termómetro

Sünnenschien

luz solar

Wulk

nube

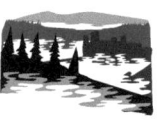

Nevel

niebla

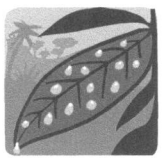

Luftfuchtigkeit

humedad ambiente

Blitz

relámpago

Dunner

trueno

Storm

tormenta

Hagel

granizo

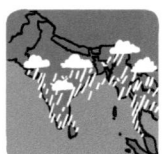

Monsun

monzón

Floot

inundación

Ies

hielo

Januormaand

enero

Februormaand

febrero

Martmaand

marzo

Aprilmaand

abril

Maimaand

mayo

Junimaand

junio

Julimaand

julio

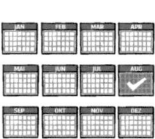

Augustmaand

agosto

Septembermaand

septiembre

Oktobermaand

octubre

Novembermaand

noviembre

Dezembermaand

diciembre

Formen
formas

Krink

círculo

Quadrat

cuadrado

Rechteck

rectángulo

Dreeeck

triángulo

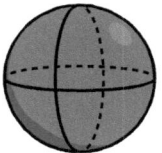

Kugel

esfera

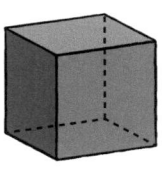

Wörpel

cubo

witt

blanco

geel

amarillo

orangsch

anaranjado

pink

rosa

root

rojo

lila

lila

blau

azul

gröön

verde

bruun

marrón

gries

gris

swart

negro

veel / wenig

mucho / poco

böös / verdreeglich

enojado / calmado

smuck / mies

bonito / feo

Begünn / Enn

comienzo / fin

groot / lütt

grande / pequeño

hell / düüster

claro / oscuro

Broder / Süster

hermano / hermana

schier / schietig

limpio / sucio

kumpleet / nich kumpleet

completo / incompleto

Dag / Nacht

día / noche

doot / lebennig

muerto / vivo

breet / small

ancho / angosto

geneetbor / nich geneetbor

disfrutable / no disfrutable

böös / fründlich

malo / amigable

fickerig / langwielt

excitado / aburrido

dick / dünn

gordo / delgado

toeerst / toletzt

primero / último

Fründ / Fiend

amigo / enemigo

vull / leddig

lleno / vacío

hart / week

duro / suave

swoor / licht

pesado / liviano

Smacht / Döst

hambre / sed

krank / gesund

enfermo / saludable

nich na't Recht / na't Recht

ilegal / legal

klook / dummerhaftig

inteligente / tonto

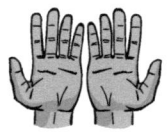

linkerhand / rechterhand

izquierda / derecha

neeg / feern

cercano / lejano

nieg / bruukt

nuevo / usado

nix / wat

nada / algo

oolt / jung

viejo / joven

an / ut

encendido / apagado

apen / slaten

abierto / cerrado

lies / luut

bajo / fuerte

riek / arm

rico / pobre

richtig / verkehrt

correcto / incorrecto

ruug / glatt

áspero / liso

trurig / glücklich

triste / alegre

kort / lang

breve / extenso

suutje / flink

lento / veloz

natt / dröög

mojado / seco

warm / köhl

caliente / frío

Krieg / Freden

guerra / paz

Gegendelen - opuestos

0

null

cero

1

een

uno

2

twee

dos

3

dree

tres

4

veer

cuatro

5

fief

cinco

6

söss

seis

7

söven

siete

8

acht

ocho

9

negen

nueve

10

teihn

diez

11

ölven

once

12

twölf

doce

13

dörteihn

trece

14

veerteihn

catorce

15

föffteihn

quince

16

sössteihn

dieciséis

17

söventeihn

diecisiete

18

achtteihn

dieciocho

19

negenteihn

diecinueve

20

twintig

veinte

100

hunnert

cien

1.000

dusend

mil

1.000.000

million

millón

Engelsch

inglés

Amerikaansch Engelsch

inglés estadounidense

Chineesch Mandarin

chino mandarín

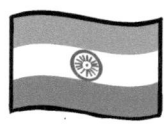

Hindi

hindi

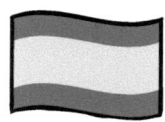

Spaansch

español

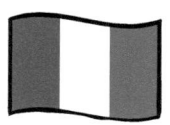

Franzöösch

francés

Araabsch

árabe

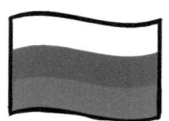

Rusch

ruso

Portugiesch

portugués

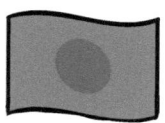

Bengaalsch

bengalí

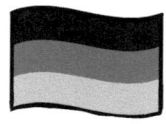

Düütsch

alemán

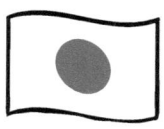

Japaansch

japonés

ik
yo

du
tú

he / se / dat
él / ella

wi
nosotros

ji
vosotros

se
ellos

keen?
¿quién?

wat?
¿qué?

woans?
¿cómo?

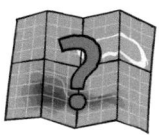

woneem?
¿dónde?

wannehr?
¿cuándo?

Naam
nombre

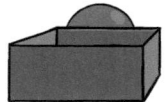

achter

detrás

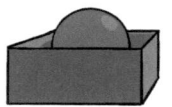

in

en

vör

delante de

över

encima de

op

sobre

ünner

debajo de

blangen

junto a

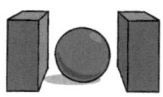

twüschen

entre

Oort

lugar